AF371141

DISCOURS

PRONONCÉ

AU CLUB DES JACOBINS,

Pour réfuter l'opinion de M. DE FRONDEVILLE,
sur l'Égalité des Partages.

A PARIS,

DE L'IMPRIMERIE NATIONALE.

1791.

DISCOURS

PRONONCÉ

AU CLUB DES JACOBINS,

Pour réfuter l'opinion de M. DE FRONDEVILLE, sur l'Égalité des Partages.

MESSIEURS,

HABITANT d'un département régi par le droit écrit, où les intérêts des cadets sont toujours sacrifiés à l'ambition des aînés ; étant moi-même aîné favorisé, qu'il me soit permis de vous soumettre mon opinion sur l'égalité des partages.

L'Assemblée nationale en détruisant les distinctions ridicules des ordres maintenus trop long-temps par la féodalité, a pensé que les hommes, pour être vraiement libres et heureux, devoient tous être égaux en droits. Cette douce égalité doit non-seulement régner au milieu d'un peuple de frères, mais encore dans le sein des familles qui composent la grande société : ce n'est pas assez d'avoir établi l'égalité civile et morale, il faut aussi la fonder sur les lois matrimoniales et testamentaires.

Cette conséquence nous présente une grande question que nous avons à discuter. L'Assemblée nationale, qui a déja décrété l'égalité des partages dans les successions *ab instestat*, laissera-t-elle son ouvrage incomplet ? décrétera-t-elle la même égalité dans toutes les successions tant directes que collatérales, en privant les parens du droit de tester ?

Abolira-t-elle les substitutions ? fixera-t-elle le degré de représentation en ligne collatérale ? annullera-t-elle toutes les donations et testamens faits par des personnes encore en vie ? obligera-t-elle les enfans qui auroient déja reçu, de rapporter à la masse, lorsque leurs pères mourront, ce qu'ils en auroient reçu, pour procéder à un partage égal : voilà la série des questions que je me propose de résoudre.

Approfondir cette matière importante, l'examiner sous tous ses points-de-vue, vous présenter les avantages qui résulteront de sa solution, soit pour la régénération des mœurs, soit pour resserrer l'union des familles, soit pour faire fleurir le commerce et l'agriculture, pour tarir une foule de procès qui ruinent les familles, pour concourir au maintien de notre liberté, pour acquérir des défenseurs à notre constitution, soit enfin pour augmenter la concurrence à l'acquisition des biens nationaux : tel est le but que je me propose d'atteindre.

La nature a donné à tous les enfans un égal droit à la bienveillance de leurs pères ; pourquoi les priveroit-elle du même bienfait à l'égard de leurs propriétés ?

Les membres d'une même famille ne doivent-ils pas regarder la succession de leurs parens comme un bien qui leur est commun ? pourquoi le hasard de la primogéniture en ordonneroit-il autrement ? De quel œil pourrions-nous voir subsister des priviléges absurdes dans le sein des familles, lorsque les salutaires décrets de nos représentans les ont tous bannis de la grande famille du peuple françois ?

Quelle coutume bisarre a donc pu priver les

citoyens d'un droit acquis par la loi de la nature, confirmé par la justice et la raison ? quel usage ridicule a pu autoriser les parens à faire une distribution inégale de leurs biens en faveur des enfans qu'ils doivent tous chérir également ? comment des pères, aveuglés par une autorité tyrannique, ont-ils osé exiger que leur volonté arbitraire fût observée, même après leur mort, en substituant des propriétés dont ils ne pouvoient disposer qu'en faveur de leurs enfans, comme s'il étoit possible de dicter des dispositions despotiques jusqu'à plusieurs générations ?

Comment ont-ils eu la barbarie de dépouiller leurs enfans puînés, et sur-tout ceux de ce sexe foible et timide, en leur inspirant impérieusement de se couvrir du froc et du cilice, et cela pour accumuler sur un aîné les dépouilles des malheureux cadets, avec un nom pompeux et un faste insultant.

Trop long-tems les François ont gémi sous le joug de ces coutumes révoltantes ; ils attendent enfin des lois salutaires, qui après les avoir soustraits aux griffes du despotisme, les affranchiront aussi de la volonté arbitraire des pères dénaturés.

Il est tems qu'un peuple qui se régénère, se dépouille de tout ce qui est servile, pour se revêtir des emblêmes de la liberté.

La nature , la justice , la raison doivent seules diriger nos nouvelles institutions : nos représentans ne seront point sourds à leurs voix ; ils se convaincront qu'il ne suffit pas qu'ils ayent établi l'égalité dans les successions de ceux qui n'ont point testé : sans doute ils n'auroient rien fait pour l'humanité , s'ils ne s'empressoient de priver les parens du pouvoir affligeant de disposer arbitrairement de leur propriété ; des pères asservis à des usages dans lesquels ils ont vielli , méconnoîtroient toujours les droits immuables de la nature pour satisfaire leur orgueil et leur vanité. En vain leurs enfans feroient-ils entendre leurs plaintes , la coupable habitude de transférer sa fortune et son nom à un aîné les entraîneroit à être sourds à leurs voix ; ils ne pourroient résister à un fatal préjugé qui fait accumuler sur un seul, des biens auxquels ses frères ont un égal droit.

En effet , jetons un moment les yeux sur les départemens régis par le droit écrit : quoique les habitans jouissent du bienfait de la loi qui est déja décrétée , toujours un aîné devenoit l'héritier de la plus grande partie des biens de sa famille ; tandis que ses frères , que le hasard n'avoit pas favorisés , étoient réduits à une si modique fortune qu'ils étoient, en quelque sorte , asservis au caprice de celui qui tenoit , pour ainsi dire, leur destinée en ses mains. Quoique les habitans de ces contrées fussent autorisés par la loi à partager également leurs biens à leurs enfans, toujours la loi étoit méconnue : le préjugé l'emportoit sur la raison, l'orgueil sur la justice, et l'habitude sur la nature. Cette coutume ridicule avoit pris de si profondes racines dans ces contrées, qu'un père ne pouvoit, en quelque sorte, y déroger sans déshonorer son fils aîné dans l'opinion publique.

Les législateurs qui travaillent à la régénération d'un grand peuple, autoriseront-ils plus long-tems de pareils abus ? non, sans doute, : ils s'empresseront d'acquiescer à nos vœux ; déja je les vois briser ces codes de barbarie auxquels nous avons été asservis pendant tant de siècles. Ils s'empresseront de nous soustraire aux volontés arbitraires de nos pères. Ils les priveront du droit abusif de tester, en leur permettant seulement de disposer d'une partie de leurs propriétés, proportionée au nombre de leurs enfans, c'est-à-dire, du quart s'ils n'ont que trois enfans ; du cinquième s'ils en ont quatre, et ainsi de suite par gradation ; ils fixeront le droit de représentation en ligne collatérale jusqu'aux neveux ou aux petits-neveux ; ils aboliront le droit absurde de susbtitution ; ils annulleront toutes les donations et les testamens faits par des personnes encore en vie, et décréteront que les enfans qui auroient déja reçu de leurs parens, encore vivans, seront obligés, à leur décès, de rapporter à la masse commune ce qu'ils auront reçu, pour procéder à un partage égal et plus constitutionnel.

Mais, me dira-t-on, vous voulez donc tout bouleverser en substituant une égalité absolue à une disproportion adoptée depuis tant de siècles par une nation qui a vieilli sous une autorité monarchique ? Non, répondrai-je : je veux, au contraire, tout pacifier, en réduisant tout au niveau de l'égalité. Je ne répondrai point à ceux qui osent dire que les coutumes appartenant aux citoyens qui les ont établies, doivent être respectées, et ne peuvent être confondues dans la destruction des priviléges ; ils doivent se rappeler qu'il n'existe plus, dans l'empire françois, de provinces, ni de priviléges, et que la France ne forme qu'une même famille qui doit être régie par les mêmes lois. On m'observera peut-être que bien loin de tout pacifier, cette équation séduisante va donner lieu à des désordres infinis, introduire la discorde dans le sein des familles, aigrir des citoyens en les privant d'une propriété qui sembloit leur être acquise ; que ce système est destructeur du commerce et de l'agriculture ; que sur-tout l'exclusion des filles a pour but le succès de la culture ; que plus les propriétaires seront multipliés, plus ils seront difficiles et processifs : on m'objectera enfin qu'il en est des anciennes lois comme de la nature ; que ce qui paroît gêner l'ordre particulier, tend à la perfection de l'ordre général ; et que c'est l'impérieuse nécessité, qui a commandé le sacrifice d'une portion des droits individuels à l'intérêt de tous. Eh ! comment peut-on faire une comparaison si déplacée de la nature ? quelle est donc cette nécessité dont on nous parle, qui tendroit à sacrifier les intérêts du plus grand nombre à l'ambition du plus petit ?

Comment une inégalité, injuste à l'égard de la majorité des citoyens, tendroit-elle à la perfection de l'ordre général ? Moi je soutiens que bien loin de diviser les familles, la douce égalité y ramènera cette précieuse intelligence, qui établira des liens indissolubles. Les citoyens jouiront des douceurs inappréciables de la fraternité ; les discussions d'intérêt, fomentées par l'animosité qu'enfante la jalousie, ne les diviseront plus ; ils se réuniront d'un commun accord, pour faire fleurir le commerce et l'agriculture, qui seuls peuvent rendre à ce vaste empire ses richesses et son éclat. (Car, sans doute les François débarrassés de leurs anciens préjugés s'adonneront, à l'envi, au commerce et à l'agriculture). Plus les propriétés sont divisées, mieux elles sont cultivées.

Le citoyen, occupé à la culture de son champ, pratiquera les vertus paisibles de la vie champêtre. Uni à une chaste épouse par les liens de l'inclination, et non par des motifs de convenance, il coulera des jours tranquilles à l'ombre de notre sainte constitution. Les mœurs pures de l'âge d'or succéderont à une vie crapuleuse et oisive. L'ingénue simplicité fera disparoître un luxe ruineux ; et les François, au sein de la félicité, béniront d'âge en âge la sagesse prévoyante de leurs augustes représentans. Eh, me réplique-t-on, cette folle idée d'égalité est flatteuse au premier coup-d'œil ; mais si vous y réfléchisez, vous serez convaincu que cette division est funeste, impolitique, et qu'elle appartient plutôt au roman de l'humanité, qu'à la législature d'un empire.

Eh quoi ! continue-t-on, appuyé sur les bases d'un principe aussi erroné : vous ne voulez laisser à un père que la disposition d'une partie de ses propriétés, et enhardir ainsi les enfans à méconnoître l'autorité paternelle. Vous voulez fixer le degré de représentation en ligne collatérale, priver par conséquent un citoyen qui n'aura pas d'enfans, du droit qu'il a de disposer selon son caprice, de sa fortune ; annuller toutes les donations et testamens faits par des personnes encore en vie, et forcer tous les enfans qui ont déja reçu, de rapporter à la masse lorsque leurs pères mourront, pour procéder à un partage égal ? Mais, en vérité, ce système est destructeur de toutes les lois, et jamais on ne peut donner un effet rétroactif à une loi nouvelle. Ce renversement de principes ne peut qu'augmenter le nombre des mécontens, qui emploieront toutes sortes de moyens pour détruire notre constitution.

Armé du glaive de la conviction, je répondrai que l'égalité que je désire, et qui sera notre bonheur, n'est ni chimérique, ni romanesque; qu'elle n'est point contraire à l'ordre social, et qu'elle est inséparable de la législation d'un peuple qui a brisé les fers du despotisme pour conquérir sa liberté ; que bien loin d'exciter les enfans à méconnoître l'autorité paternelle, les droits de la nature, que je réclame pour eux, ne feront que resserrer les liens qui les attachent à l'auteur de leurs jours. En effet, comparons les contrées qui jouissent de l'égalité parfaite avec celles qui sont asservies à un fatal préjugé. Ici, les enfans ne voyant dans leur père qu'un tyran qui peut disposer arbitrairement de sa propriété, le flattent extérieurement par crainte ou par ambition, tandis que dans le fond de leur ame ils soupirent, peut-être, après sa mort, dans l'espoir de recouvrer leur liberté ? Là, au contraire, le fils ayant un sort assuré, n'est ni craintif ni ambitieux ; docile par inclination à la voix d'un père chéri, il le bénit tous les jours de sa vie, et ne cherche qu'à contribuer à son bonheur.

Là, les enfans, jaloux les uns des autres, se détestent mutuellement ; des motifs haineux d'intérêt rompent entr'eux les liens de la fraternité, et les entraînent dans des procès qui absorbent la plus grande partie de leur fortune.

Ici, au contraire, le frère est étroitement uni avec la sœur ; et jamais leur propriété ne devient la pâture des agens de la chicane.

Là, le frère est condamné au célibat, la sœur à s'enterrer toute vivante dans un couvent.

Ici, le frère et la sœur jouissant d'une modique fortune, s'unissent par les liens du mariage et de l'amitié à des citoyens qui jouissent des mêmes droits qu'eux.

Là, un aîné accumulant tous les biens de ses pères, insulte par un luxe insolent au malheur de ses cadets, et s'arroge une autorité despotique sur eux.

Ici, au lieu de cette splendeur régnent l'égalité, la simplicité, la concorde, l'union et la paix.

Cet heureux contraste fermera sans doute la bouche à ceux qui prétendent que l'autorité des parens sera compromise : passons à une autre objection.

Je veux fixer la démarcation de la représentation en ligne collatérale, parce qu'il est injuste que des frères, des cousins, des neveux et petits-neveux, soient privés du droit que la nature leur donne aux propriétés de leurs parens, qui, quoi qu'il en soit , auront toujours des moyens pour disposer arbitrairement d'une partie de leur fortune. Cette loi salutaire , en réprouvant un funeste célibat , engagera les citoyens à contracter les doux liens du mariage.

Je prétends aussi que toutes les donations et testamens faits par des personnes encore en vie doivent être annullés , et qne tous les enfans qui auroient reçu doivent être obligés , à la mort de leurs pères , de tout rapporter à la masse pour procéder à un partage égal.

Je fonde mon opinion, à cet égard sur la certitude que j'ai , que déja plusieurs pères , pour éluder la loi que l'Assemblée nationale avoit annoncée depuis long-temps , ont disposé de la plus grande partie de leurs biens en faveur de leurs aînés.

Quant à la restitution que j'exige de la part de ceux qui ont reçu plus ou moins qu'il ne leur revenoit légitimement , je la crois indispensable pour établir une juste équation entre tous les enfans , qui , ayant encore leurs pères , ont droit de jouir du bénéfice de la loi. Je soutiens que cette disposition ne donne nullement un effet rétroactif à la loi ; que bien loin d'augmenter le nombre des ennemis de notre constitution, elle ne fera , au contraire , que lui acquérir des défenseurs , qui maintiendront de toutes leurs facultés des lois bienfaisantes qui en leur procurant une nouvelle existence , leur font recouvrer leurs droits. Il me suffira, pour vous convaincre de cette vérité incontestable , de vous dire que sur quatre aînés on peut compter au moins vingt cadets.

Ces généreux citoyens , animés de la plus vive reconnoissance , béniront cette douce égalité, qui en augmentant leur fortune , les mettra à même de concourir à l'acquisition des biens nationaux dont la vente est la dot de la constitution.

Je pourrois encore vous présenter des motifs puissans , à l'appui de l'égalité que je demande ; mais entraîné par l'amour de l'humanité , j'ai déja abusé de votre complaisante attention : je ressens tout le prix de votre indulgence.